맥체인 정독
길 라 잡 이

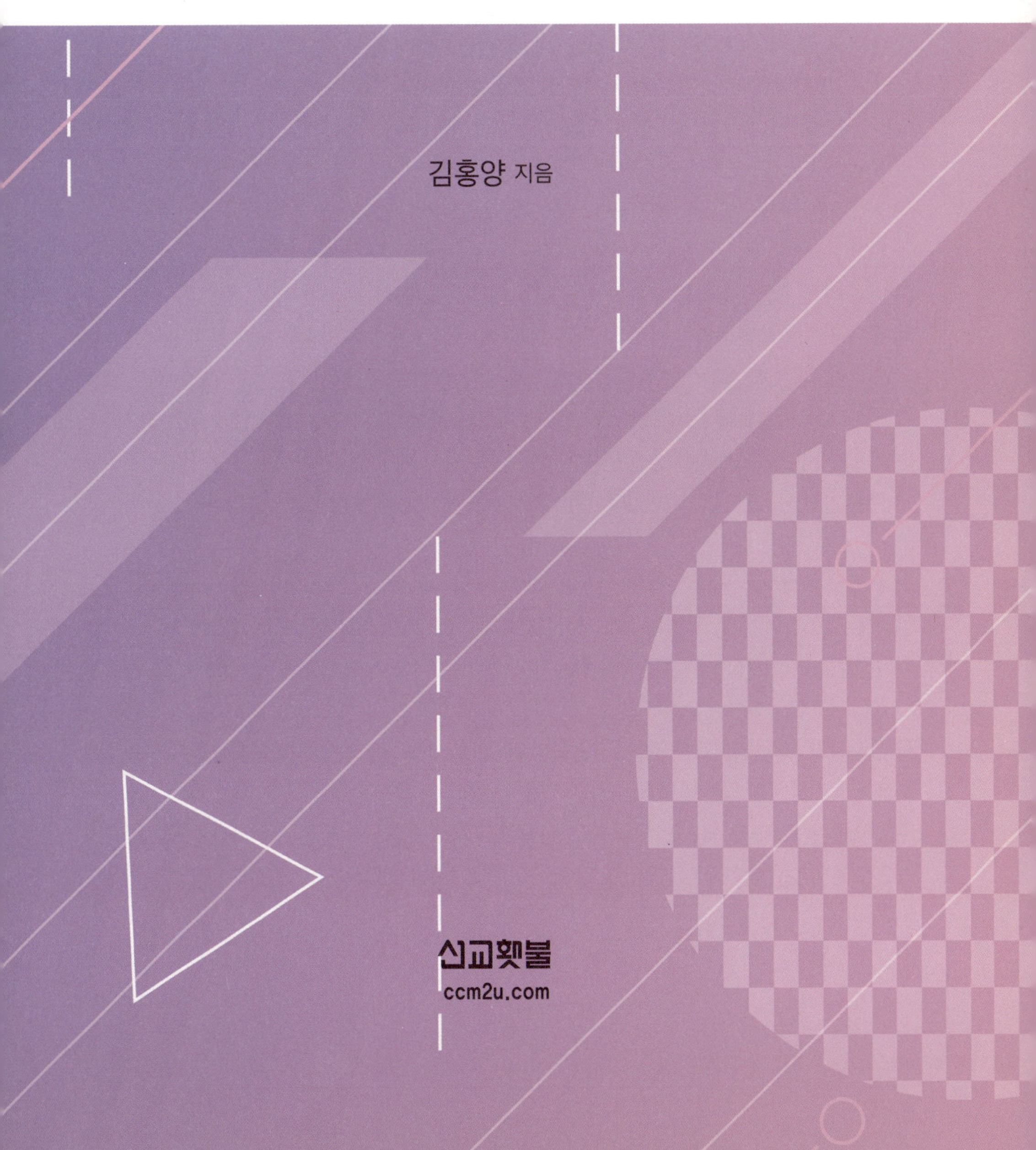

발 간 사

한 책의 사람이라 불려진 목회자 요한 웨슬리.
한 영혼을 위하여 성경을 읽도록 성경읽기표를 만든 목회자 로버트 맥체인.
오늘날 하나님은 성경을 통해 한 편의 설교를 전할 때 티가 없이 오직 복음과 성령의 역사가 나타나도록 외치는 말씀의 사자들을 찾고 계신다. 얼마나 잘 전하느냐보다 얼마나 바르고 정확하게 전하느냐에 관심을 갖고 끊임없이 찾고 계신다.

아주 오래 전부터 맥체인 성경읽기표를 수없이 성경책 속에 넣고 다녔다.
그리고 읽으면 볼펜으로 그 표에 사선으로 줄을 그었다.
그러던 1984년, 나는 감동이 물밀 듯 밀려와 서울신학대학교에 들어가 신학을 공부한 후 목사가 되었다. 그리고 교회를 개척한 후 34년 동안 목회를 하면서 1,900교회에 부흥회를 다니고 약 20,000여 편의 설교를 한 지금, 나는 60세 목회자가 되었다.

2년 전, 미국 오클라호마로 부흥회를 갔었다. 그리고 그 곳에서 거의 어떤 관광지도 가지 않은 채 두 주간을 맥체인성경만 읽게 되었다. 그 때 비로소 그 동안에 경험해 보지 못한 말씀의 세계가 열리기 시작했다. 왜, 이렇게 편집을 했는지.. 편집하기 위해 얼마나 수고가 많았는지..
그리고 그 동안 설교를 준비하면서 단면적인 사고에 갇혀 있었다는 사실을 알게 되었다. 하나님의 역사는 시대를 초월하고 공간을 초월하는 점을 다시 깨닫게 된 것이었다. 성경읽는 것이 너무 기쁜 일이었다. 생활이 바뀌었다. 날마다 새로운 음성을 듣는 감동이 있었다.

이제 모든 목회자들과 함께 맥체인성경의 통독과 정독의 구조 그리고 방법을 나누면서 새로운 감동을 주고 싶다. 성경을 읽는 목회자, 성경 속에서 I.T 사회의 문제들과 COVID19 시대의 각종 두려움들을 어떻게 답하고 위로해야 하는지 입체적으로 접근하여 답을 찾는 목회자가 되도록 돕고 싶다.
물론 저자가 부족하여 모든 것을 다 말할 수는 없다. 그렇지만 처음 맥체인성경을 대하는 목회자들에게 조금은 편안한 안내자는 될 수 있을 것 같아 이 책을 쓴다.
수없이 많은 교회성장의 방법론 속에 만신창이가 되고 번영신학의 한계에 빠진 한국교회에 말씀으로 돌아가는 목회자가 넘쳐남으로 제2의 종교개혁이 일어나는 한국교회가 되길 감히 꿈꿔본다. 이를 위하여 말씀에서 길을 찾고 기도로 힘을 얻으려 한다.

2020. 6. 30
수지선민교회 목회실에서

차 례 | CONTENTS

Chapter 1

맥체인성경 **정독 가이드**

맥체인 정독 길라잡이

1. 로버트 머리 맥체인(Robert Murray M'Cheyne) 목사는?

19세기 스코틀랜드 역사에서 가장 경건한 목회자로 꼽히는 로버트 머리 맥체인은 1813년 5월 21일 스코틀랜드 에든버러 더블린 가에서 5남매 중 막내로 태어났습니다. 에든버러 대학교에서 수학하여 23세에 목사 안수를 받고, 1835년부터 1838년까지 라버트 교구와 두니페이스 교구에서 존 보나(John Bonar)의 조수로 섬겼습니다. 그 뒤, 던디의 성 베드로 교회에서 하나님과 모든 영혼을 사랑하는 목사로 섬기다 1843년 3월 25일, 29세의 짧은 나이에 발진티푸스로 하늘의 부르심을 받았습니다.

맥체인은 시인이기도 했으며, 많은 저서를 남겼습니다. 그는 신앙심이 깊은 사람이었으며 기도의 사람이었습니다. 맥체인의 경건한 삶과 사역의 결과물들은 맥체인의 벗이 낸 회고록이나 후대 믿음의 후배들이 내는 전기를 통해 전해지고 있습니다. 이처럼 이 땅에서 맥체인의 삶은 짧았을지라도, 맥체인이 뜨겁게 전했던 그리스도에게로 초대하는 구원의 외침은 아직도 살아서 널리 울려 퍼지고 있습니다.

① 1836년, 스코틀랜드 성베드로교회 로버트 머레이 맥체인목사가 성경읽기표를 만듦(14세 때 애든버러대학에서 고전문학을 공부. 형의 죽음으로

신앙과 말씀에 집중. 성도를 위해 성경읽기표를 만듦)

② 80세 노인의 고백,"내 평생에 가장 행복한 나날을 보내고 있습니다"

③ 영향받은 목회자: 마틴 로이드존스(54년간 사용), 존 스토트

④ 1813년~1843년 생애

⑤ 경건한 목회자, 성실한 목회자, 현명한 목회자

⑥ 주변에 있는 훌륭한 목회자에게 조언을 듣는 목회자

⑦ 선교사업에 지대한 관심을 갖은 목회자

⑧ 유대인 선교를 위해 바울처럼 유럽과 팔레스타인을 오랫 방문한 목회자

⑨ 서정적이고 시적인 재능

⑩ 자비롭고 쾌활한 성품

시대순이 아닌 내용을 중심으로 하는 정독성경이다.

구약 1회, 시편 2회, 신약 2회를 정독하는 성경이다.

각자 다른 성경책(장)의 배경 속에서 문학적 배경을 파악한다.

다른 성경과 통독하는 방법이 다를 뿐이지 이 성경책이 절대적인 것은 아니다.

2. 맥체인 성경읽기란?

맥체인 성경읽기표는 1842년 맥체인이 자신이 목양하던 성 베드로 교회 성도들의 영적 성장을 위해 개발한 것으로, 매일 구약과 신약을 각각 2장씩 읽음으로써 1년에 구약 1회, 신약과 시편을 각 2회 정독할 수 있도록 만든 표입니다.

이와 같은 맥체인의 방법에 따라 신구약 성경 전체를 골고루 4등분해서 동시에 읽으면, 성경에 기록된 장구한 구속사를 크게 네 시대로 나누어 동시에 묵상할 수 있습니다.

각각의 시대마다 하나님께서는 하나님이 세우신 사람들과 언약을 맺으셨고, 그 언약을 완성하셨습니다. 그리고 이 시대들은 서로 씨줄과 날줄이 되어 하나님의 구속사를 완성하는 완벽한 하모니를 이루고 있습니다.

때로는 시대별로, 때로는 거시적인 안목에서 구속사 전체를 한 번에 아우르게 합니다. 그렇기에 남녀노소, 교회의 직분을 무론하고, 누구나 맥체인 성경읽기표를 따라 성경을 읽으면, 성경에 대한 명쾌한 이해와 함께 하나님께서 감춰두신 구속의 보화를 찾는 기쁨을 누릴 수 있습니다.

또한 이를 통해 성경의 맥을 보다 쉽게 잡을 수 있습니다. 이렇게 하나님의 계시 목적에 평행선을 그으며 따라가는 것은 맥체인 성경읽기표만의 독특한 방식입니다.

성경을 읽다가 중간에 빠뜨린 부분이 있더라도 포기하지 말고, 그날의 날짜에 맞추어 읽는 것이 좋습니다. 이런 습관은 해가 거듭되더라도 반복적으로 성경을 통독할 수 있게 해 주기 때문입니다. 개인적으로 읽을 때는 아침, 저녁으로 나누어 읽으셔도 됩니다. 각자의 방법대로 성경을 읽으면 됩니다.

"또 어려서부터 성경을 알았나니 성경은 능히 너로 하여금 그리스도 예수 안에 있는 믿음으로 말미암아 구원에 이르는 지혜가 있게 하느니라 모든 성경은 하나님의 감동으로 된 것으로 교훈과 책망과 바르게 함과 의로 교육하기에 유익하니 이는 하나님의 사람으로 온전하게 하며 모든 선한 일을 행할 능력을 갖추게 하려 함이라" (딤후 3:15-17).

3. 맥체인 목사가 직접 이야기하는 맥체인 성경읽기

맥체인 목사는 1842년 12월 30일 송구영신 예배 시간에 자신의 교회 교인들에게 맥체인 성경읽기표에 대해서 다음과 같이 설명해주었습니다. 맥체인 목사가 직접 이야기하는 맥체인 성경읽기를 통해 우리는 맥체인 성경읽기에 대해 보다 많은 이해를 할 수 있을 것입니다. (이 설교가 끝난 후 그는 교인들에게 성경읽기표를 나누어 주었습니다.)

▶ 설교 본문: 시편 119편 40절

"내가 주의 법도들을 사모하였사오니 주의 의로 나를 살아나게 하소서"

사랑하는 성도 여러분, 새해가 다가오니 제 마음 속에 여러분의 구원과 구원받은 분들의 영적 성장에 대한 새로운 열망이 생깁니다.

"내가 예수 그리스도의 심장으로 너희 무리를 얼마나 사모하는지 하나님이 내 증인이시니라" (빌 1:8).

다가오는 새해에는 어떤 일이 일어날지 그 누가 알겠습니까? 모든 선한 사람은 분명 이 땅에 다가오는 놀라운 심판의 역사를 예견하며 영혼에 부담감을 느낍니다. 이제 이와 같은 엄숙한 질문을 던져야 할 때입니다.

"만일 네가 보행자와 함께 달려도 피곤하면 어찌 능히 말과 경주하겠느냐 네가 평안한 땅에서는 무사하려니와 요단 강 물이 넘칠 때에는 어찌하겠느냐" (렘 12:5).

자기 자신이나 피조물이 아니라 우리의 의이신 여호와를 의지하는 성도들은 굳게 설 것입니다. 우리가 악한 날에 굳게 서려면 성경 말씀과 은혜의 보좌에 더 집중해야 합니다. 그러면 우리는 다윗처럼 이렇게 말할 수 있을 것입니다.

"교만한 자들이 나를 심히 조롱하였어도 나는 주의 법을 떠나지 아니하였나이다" (시 119:51).

"고관들이 거짓으로 나를 핍박하오나 나의 마음은 주의 말씀만 경외하나이다" (시 119:161).

저는 마음속으로 오랫동안 성경읽기 계획표를 만들 생각을 해 왔습니다. 하나님이 같은 소원을 주신 이들은 다 제 생각에 동의할 것입니다. 그래서 성경 전체를 1년에 한번 통독하고, 모든 성도가 동시에 같은 푸른 초장에서 꼴을 먹을 수 있도록 계획을 짰습니다. 그런데 이 계획에는 다음과 같은 주의해야 할 점이 있습니다.

▶ 주의할 점

형식으로 읽지 말라.

우리는 너무나 연약한 피조물이어서 어떤 의무든 규칙적으로 반복하면 타성적인 형태로 전락하기 쉽습니다. 일정한 규칙에 따라 말씀을 읽는 어떤 사람들에게는 이렇게 형식적인 신앙생활을 낳는 경향이 있습니다. 이것은 말세에 두드러진 죄가 될 것입니다. "경건의 모양은 있으나 경건의 능력은 부인하니 이같은 자들에게서 네가 돌아서라" (딤후 3:5). 이 점을 주의하십시오. 이 읽기표 때문에 여러분의 영혼이 무디어질 것 같으면 차라리 이 표를 없애 버리십시오.

분량 채우는 것으로 만족하지 말라.

어떤 이들은 말씀을 읽기 위해 시간을 정하고 정해진 분량을 다 읽고 나면 자기 자신을 만족스런 눈으로 바라보는 유혹에 빠지기가 쉽습니다. 확신컨대 많은 이가 영혼에 아무런 하나님의 역사를 체험하지 못한 채 살아가고 있습니다.

용서받지 못하고, 성화되지도 않고, 멸망을 눈앞에 둔 채 말입니다. 그들은 그러면서도 개인적으로나 가족과 함께 정해진 경건 시간을 보냅니다. 이런 사람은 오른손에 거짓 것을 들고(사 44:20) 지옥으로 향하는 사람입니다.

아무렇게나 건성으로 읽지 말라.

하나님의 말씀에 두려워 떠는 사람이 별로 없습니다. 말씀을 읽는 동안에도 위엄으로 가득찬 여호와의 음성을 듣는 이가 별로 없습니다. 이스라엘 백성들은 매일 먹는 만나에 대해 "백성이 하나님과 모세를 향하여 원망하되 어찌하여 우리를 애굽에서 인도해 내어 이 광야에서 죽게 하는가 이 곳에는 먹을 것도 없고 물도 없도다 우리 마음이 이 하찮은 음식을 싫어하노라 하매" (민 21:5)고 불평했습니다. 마찬가지로 어떤 이들은 많은 분량의 말씀을 읽다가 말씀 읽기에 싫증이 나서 말씀을 아무렇게나 건성으로 읽으려는 유혹에 빠지기 쉽습니다. 이런 일은 하나님의 진노를 불러일으킬 것입니다. 이 말씀이 여러분에게 해당되지 않도록 주의하십시오. "만군의 여호와가 이르노라 너희가 또 말하기를 이 일이 얼마나 번거로운고 하며 코웃음치고 훔친 물건과 저는 것, 병든 것을 가져왔느니라 너희가 이같이 봉헌물을 가져오니 내가 그것을 너희 손에서 받겠느냐 이는 여호와의 말이니라" (말 1:13).

의무감으로 억지로 읽지 말라.

어떤 이들은 한동안 말씀을 잘 읽지만 나중에는 말씀 읽는 일이 감당하기 벅찬 부담감으로 느껴집니다. 그들은 하늘의 양식을 전혀 맛보지 못하고 양심에 질질 끌려 억지로 정해진 의무를 행합니다. 만일 어떤 성도든 이런 경우에 해당된다면, 차라리 이 족쇄를 던져 버리고 하나님의 아름다운 정원에서 마음껏 꼴을 먹으십시오. 제가 바라는 것은 여러분에게 덫을 놓는 것이 아니라 여러분이

기쁨을 맛보도록 돕는 것입니다.

이렇게 주의할 점이 많은데 이런 읽기표를 만든 목적이 대체 무엇일까요? 이 질문에 저는 이렇게 대답하겠습니다. 가장 좋은 일에는 언제나 위험이 따르는 법입니다. 위험한 절벽 틈에 가장 아름다운 꽃들이 피어 있는 것처럼 말입니다. 그러면 이 읽기표의 장점을 살펴보겠습니다.

▶ 장점

성경 전체를 1년 동안 규칙적으로 통독할 수 있다.

구약은 한 번, 신약과 시편은 두 번 통독할 수 있습니다. 안타깝게도 성경을 한 번도 다 읽지 못한 성도들이 많은 것 같습니다. 그러나 성경은 모두 하나님의 말씀입니다. "모든 성경은 하나님의 감동으로 된 것으로 교훈과 책망과 바르게 함과 의로 교육하기에 유익하니 이는 하나님의 사람으로 온전하게 하며 모든 선한 일을 행할 능력을 갖추게 하려 함이라" (딤후 3:16-17). 우리가 성경의 일부분을 그냥 넘어간다면 우리는 불완전한 그리스도인이 될 것입니다.

어느 부분을 읽을지 고르는 데 시간 낭비할 일이 없다.

성도들은 향기로운 산의 어느 곳으로 나아갈지 갈팡질팡할 때가 종종 있습니다. 이 표로 그 문제를 단번에 아주 간단히 해결할 수 있습니다.

부모는 매일 자녀와 주변(구역원, 셀원)을 살필 좋은 주제를 얻을 수 있다.

가정 예배를 현재 일반적으로 드리는 방식보다 더 은혜롭게 드리려면 개선의 여지가 많습니다. 단지 말씀만 읽고 마는 것은 땅바닥에 쏟아진 물과 다름없을 때가 많습니다. 가족 모두가 말씀을 미리 읽고 나서 간단한 질문과 대답을 통해 말씀의 의미를 이끌어 내고 삶에 적용해야 합니다. 성경읽기표는 이러한 일에 도움이 될 것입니다. 친구들도 서로 만났을 때 그 날 읽은 말씀에서 유익한 대화 주제를 얻을 수 있을 것입니다. 어려운 본문의 뜻은 더 지혜롭고 성숙한 성도들에게 물어 볼 수도 있고, 간단한 성경 말씀은 널리 그 향기가 퍼져 나갈 수 있을 것입니다.

목자는 양떼가 초장의 어느 곳에서 꼴을 먹는지 알 수 있다.

따라서 목회자는 주일에 성도들에게 더 알맞은 말씀을 전할 수 있게 됩니다. 목회자와 장로 모두 각 가정을 심방할 때 빛과 위로가 되는 말씀을 전할 수 있게 되고, 그 말씀에 성도들은 더 쉽게 반응하게 될 것입니다.

성도들의 사랑과 연합이라는 아름다운 끈이 더 단단해진다.

우리는 함께 이 읽기표대로 말씀을 읽기로 한 주님 안의 귀한 형제자매들을 시시때때로 자주 떠올리게 될 것입니다. 이 땅 위에서 하나님께 간구할 일들에 대해 더 많이 마음을 합하게 될 것입니다. 똑같은 약속의 말씀을 놓고 기도하며, 똑같이 죄를 고백하며 애통해하고, 똑같은 찬송으로 하나님을 찬양하며, 똑같은 영생의 말씀으로 양육 받게 될 것입니다.

-『로버트 맥체인 회고록』(p. 363~367), 부흥과 개혁사

4. 마틴로이드 존스와 존 스토트가 사랑했던 맥체인 성경읽기

맥체인 성경읽기표의 유익을 발견하고 평생 사용했던 대표적인 사람으로는 20세기의 대표적인 복음주의 설교가요 목회자인 마틴 로이드 존스 목사(1899-1981)와 존 스토트 목사(1921-2011)가 있습니다.

① 존 스토트

2011년 7월 27일 소천한 존 스토트 목사의 탁월한 균형감각은 체계적인 성경 읽기에서 나왔습니다. 그는 세계교회협의회(WCC) 가맹교단인 영국성공회 소속이었지만 복음주의 노선을 평생 견지했습니다. 복음주의자이면서도 기독교의 사회적 책임을 소홀히 여기지 않았던 그는 자신의 저서 『기독교의 기본진리(Basic Christianity)』에서 "균형잡힌 신앙은 말씀과 기도의 균형에서 나온다. 이를 위해서는 성경 읽기가 필수이다"라고 밝히고 있습니다. 실제로 그는 1970년대 마틴 로이드 존스 목사로부터 맥체인 성경읽기표를 소개받고 평생 체계적인 성경 읽기를 실천했습니다.

존 스토트 목사는 평소 맥체인 성경읽기표에 대해 "성경 한편을 계속 읽어 내려갈 때 생기는 지루함을 방지해주는 좋은 성경읽기 방식이다. 성경 전체를 체계적이고 균형감 있게 알아야 하는 목회자들과 평신도 지도자들에게 강력히 추천한다"고 했습니다. 그는 또 "성경을 읽는 방법에는 여러 가지가 있지만 천천히, 묵상하고 생각하며 읽어야 한다. 구절의 뜻이 명확해질 때까지 한 구절 한 구절을 읽고 또 읽어야 한다"고 조언했습니다.

평생 맥체인 성경읽기를 사랑하고 실천했던 존 스토트 목사는 맥체인 성경읽기에 대해 다음과 같이 말했습니다.

"개인적으로 나는 전에 웨스트민스터 채플 목사였던 마틴 로이드 존스 박사께서 20년 전쯤 로버트 맥체인의 성경읽기표를 나에게 소개해 준 것에 감사하고 있습니다. 맥체인이 그것을 만들어 낸 것은 1842년 당시 자기가 섬기고 있던 스코틀랜드 던디의 성 베드로 교회 교인을 위해서였습니다. 이것에 따르면 매년 성경 전체를 구약은 한 번씩, 신약은 두 번씩 읽을 수 있습니다. 나는 로이드존스 박사가 『목사와 설교』에서 말한 다음의 내용을 전적으로 동의합니다. '모든 설교자는 적어도 일 년에 한 번씩은 성경 전체를 완전히 통독해야 합니다. …그것은 설교자가 성경을 읽어야 할 최소의 분량입니다.'

맥체인의 성경읽기표는 매일 네 장을 읽도록 배열되어 있습니다. 당시는 평온한 빅토리아 시대였기 때문에 그의 의도는 날마다 개인 경건 시간에 두 장(아침과 저녁) 및 가족기도회에서 두 장(역시 아침과 저녁)을 읽게 하려는 것이었습니다. 나 자신의 습관으로는 오히려 아침에 세 장 -가능하면 두 장은 읽고 세 번째 장은 연구를 하며- 넷째 장은 저녁을 위해서 남겨둡니다.

맥체인이 생각해 낸 성경읽기 방식에 있어서 특히 도움이 되는 것은 장을 할당하는 방식입니다. 그것은 1월 1일, 창세기 1-4장에서 시작하여, 1월 2일에는 창세기 5-8장, 1월 3일에는 창세기9-12장으로 계속되는 방식이 아닙니다. 그보다는 새해 첫 날의 말씀은 성경에 나오는 네 가지 위대한 시초, 즉 창세기 1장(창조의 시작), 에스라 1장(민족의 갱생), 마태복음 1장(그리스도의 탄생), 사도행전 1장(기독교회의 탄생)으로 시작됩니다. 이렇게 하나님의 계시 목적에 평행선을 그으며 따라가는 것입니다. 어느 날에는 족장, 에스더, 예수님의 사역, 바울의 여행에 대해 읽을 것이고, 다른 날에는 왕정의 성쇠를 추적하고, 예언자의 예언 메시지에 귀를 기울이며, 요한이 그리는 예수님의 모습을 보고, 요한계시록에 의해 드러나는 미래를 응시하고 있을 것입니다. 내게 있어서 기복이 심한 성경의 전체를 개관하며, 그 기저에 깔려 있고 반복되어 나타나는 주제를 파악하는 데 이보다 더 도움이 되는 것은 없었습니다."

-(존 스토트, 『현대교회와 설교』283-284쪽)

② 마틴 로이드 존스

존 스토트 목사에게 맥체인 성경읽기를 추천했던 마틴 로이드 존스 목사도 50여 년을 맥체인 성경읽기표에 따라 성경을 읽었던 분이었습니다. 로이드 존스 목사의 딸인 엘리자베스 케서우드의 증언에 따르면, 로이드 존스 목사는 평생 동안 구약은 최소 50회, 신약은 최소 110회 이상 통독했다고 합니다. 그 힘은 바로 맥체인 성경읽기에서 비롯되었습니다.

"부친은 로버트 맥체인의 매일 성경읽기표에 따라 성경을 보았습니다. 그는 성경을 좋아하는 부분만 아니라, 처음부터 끝까지 모든 부분을 다 읽는 것이 주는 유익을 믿었습니다. 그는 필요한 본문은 별도로 공부했지만 정규적으로 성경을 반복해서 읽었습니다. 저의 부모님들은 적어도 52~54년을 로버트 맥체인의 성경읽기표를 따라 성경을 꾸준히 통독하였습니다. 이 계획표를 근거로 추정해 보면 저의 부친은 자신의 설교준비를 위한 성경읽기 이외에도 신약을 적어도 110회 통독한 셈입니다.

부친은 3월 1일에 돌아가셨는데, 공교롭게도 2월 28일의 매일성경읽기 본문의 마지막 장이 고린도전서 15장이었습니다. 마치 주께서 저의 부친에게 앞으로 있게 될 몸의 부활을 지적해 준 것 같은 느낌이 듭니다."

-(로이드 존스의 장녀인 엘리자베스 케서우드,

『마틴 로이드 존스의 독서생활』 54쪽)

5. 맥체인 성경 365의 특징과 장점

맥체인 성경365의 장점은 QT와 통독을 하나로 통합해준다는 것입니다.
맥체인 성경365로 성경을 읽고 묵상하면

- 매일 성경을 읽도록 해줍니다.
- 매일 체계적이고 규칙적으로 성경을 읽도록 도와줍니다.
- 매일 성경 읽기(20분)에 적당한 분량입니다.
- 매일 구약과 신약의 각 부분을 골고루 읽도록 해줍니다.
- 1년에 구약 1독, 신약과 시편 2독을 할 수 있습니다.
- QT와 성경읽기를 하나로! 이제 QT와 통독을 따로 할 필요가 없습니다.
- 구약과 신약(시편)이 짝을 이뤄 구속사를 한눈에 살펴볼 수 있습니다.
- 말씀의 다채로움을 만끽하며 더 넓고 깊은 하나님의 생각을 발견하게 됩니다.
- 하나로 관통하는 하나님의 생각을 찾아내 더 깊은 영적 성숙을 도와줍니다.

6. 맥체인 성경읽기와 말씀묵상(QT)에 실패하지 않으려면

영혼의 양식이요 영적 성숙의 원천이 되는 성경, 누구나 많이 읽고, 깊이 묵상하기를 원합니다. 하지만 막상 성경 통독을 시작하려고 해도 쉽지 않고, 끝내기는 더욱 쉽지 않습니다. 맥체인 성경읽기를 통해 성경을 통독하고, 매일 매일의 말씀묵상에 실패하지 않으려면, 맥체인 성경읽기표를 따라 다음과 같은 방법으로 성경을 읽으십시오.

① 매일 성경을 읽겠다는 결심을 하십시오.
② 성경을 읽는 구별된 시간을 확보하십시오.

③ 성경읽기표를 따라 매일 구별된 시간에 읽으십시오.

④ 가정예배와 교회 공동체에서 함께 성경읽기표를 따라 읽어나가면 좋습니다.

⑤ 너무 완벽하게 읽으려고 하지 마시고, 먼저 성경을 읽는다는 자체에 우선하십시오.

⑥ 빠뜨린 날이 있더라도 오늘 내가 읽어야 할 날짜의 읽기에 집중하십시오.

⑦ 빠뜨린 부분이 있더라도 집착하거나 포기하지 마시고 오늘 날짜부터 다시 시작하십시오.

7. 맥체인 성경 365 말씀연결 사용하는 법

① 네 성경 본문의 소주제를 통해 중심 단어나 문장을 말씀으로 묵상한다.

② 네 본문의 말씀을 순서대로, 천천히 읽는다.

③ 두 본문에서 반복되는 단어나 유사한 문맥을 찾아 서로 연결한다.

④ 본문에서 반대의 뜻을 가진 단어나 문장을 찾는다.

⑤ 두 권의 책에서 공통되는 하나님의 말씀을 연결하여 기록한다.

⑥ 연결되는 말씀을 다른 두 권으로 확대하여 네 권 전체에 흐르는 하나님의 생각과 베푸신 은혜를 누리고, 그 내용을 적어본다.

⑦ 본문에서 지도자나 인도자로부터 배운 신학 주제나 교리들이 함축하고 있는 문맥의 짝을 찾아본다.

⑧ 중심 주제를 필두로, 삶에 적용할 일들을 적어보고 생활 중에 실천함으로써 변화를 경험해 본다.

⑨ 하나님이 오늘 나에게 주신 말씀들을 통하여 가르침, 명령과 약속 권면, 경고 및 행해야 할 일들을 하나님과 대화하는 마음으로 읽기를 한다.

8. 맥체인성경 통독에 참고할 자료

● 도서

1. 『영감 넘치는 맥체인 성경읽기』 (로고스성경사역원)
2. 『영감 넘치는 맥체인 성경읽기 워크북(훈련교재)』 (로고스성경사역원)
3. 『맥체인성경읽기방법 성경 이렇게 읽읍시다』(부흥과 개혁사)
4. 『로버트 맥체인 회고록』(부흥과개혁사)
5. 『로버트 맥체인과 떠나는 여행』(부흥과 개혁사)
6. 『로버트 맥체인』(지평서원)
7. 『로버트 머리 맥체인: 하나님의 사람들』(양무리서원)
8. 『거룩을 갈망한 작은 예수 로버트 맥체인』(넥서스크로스)
9. 『로버트 M, 맥체인의 생애』(CLC)
10. 로버트 맥체인 설교집 『마태복음』,『마가복음』,『로마서』(그책의 사람들)
11. 『맥체인성경365 통독묵상 가이드』 (선교횃불)
12. 『맥체인 통독 맥잡기1, 2, 3, 4, 5, 6』 (선교횃불)
13. 『맥체인 성경 읽기 해설 1, 2』 (세움북스)

● SNS 참조

페이스북 : https://www.facebook.com/profile.php?id=100006657647442
네이버 블로그 : https://blog.naver.com/missiontorch
네이버 까페 : https://cafe.naver.com/jesuslovezone
다음 까페 : http://cafe.daum.net/missiontorch
유튜브 : 맥체인성경세미나

● 맥체인성경 통독 웹사이트

드라마 바이블 : https://dramabible.org
갓피플 성경통독 어플 http://www.godpeople.com/?GO=mobile_detail&appid=93
성경타자통독 : https://bible.ctm.kr/

● 오디오 성경

Hi-Fi 로고스 맥체인 전자성경

Chapter 2

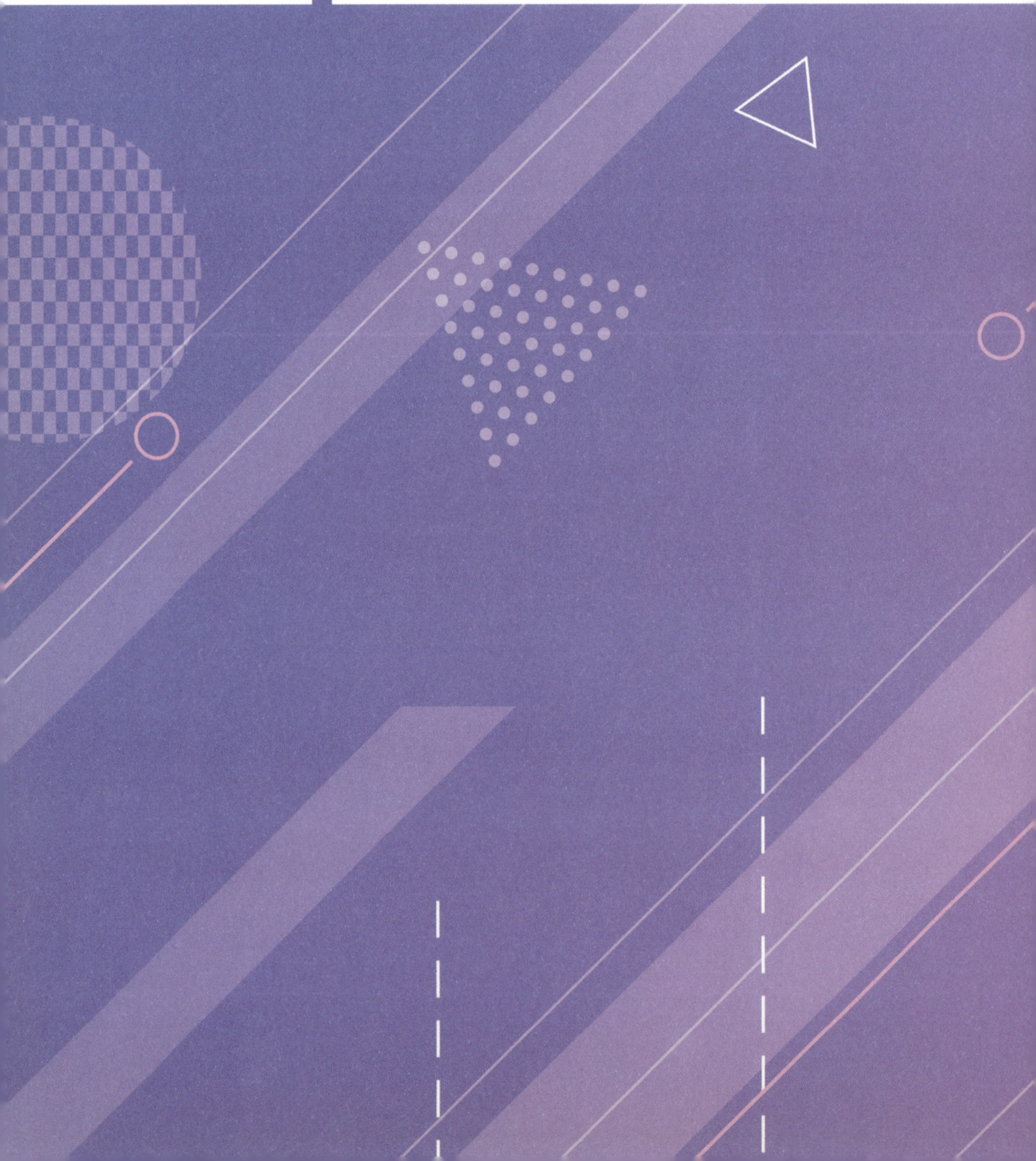

맥체인성경 **정독구조**

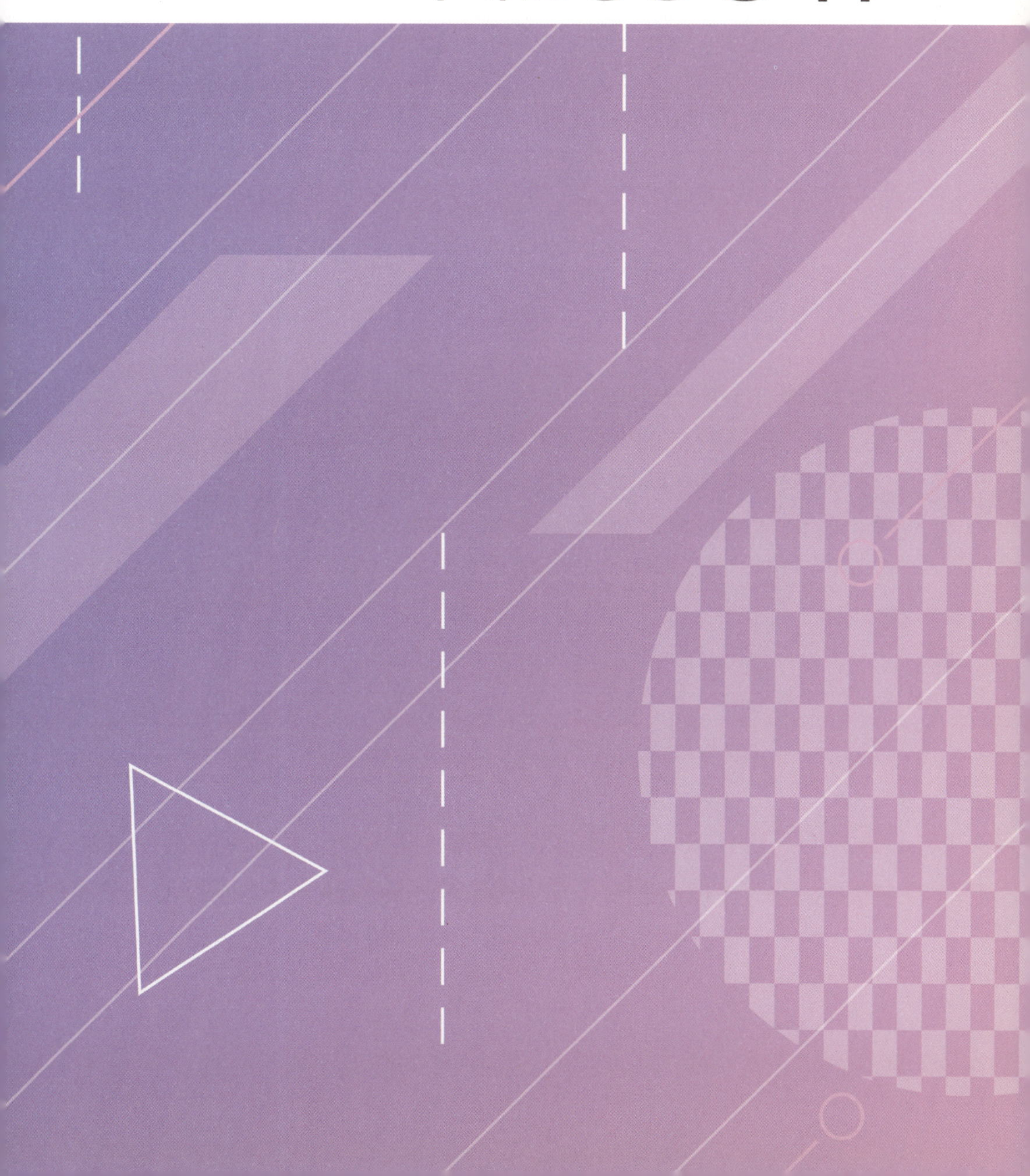

(1) 성경 66권은 1600년이 넘는 긴 세월 동안 성령의 감동을 입은 각 시대의 사람들이 각기 다른 장소에서 기록한 것을 정경화한 것이다. 그럼에도 불구하고 놀랍게도 제각기 짝이 있고 통일된 주제와 일관된 메시지를 전한다. 이것은 우연이 아니며 하나님이 저자이심을 증명하고 있다. 따라서 새로운 편집방식으로 읽을 때 더 깊은 감동을 경험하게 된다.

(2) 맥체인성경의 순서대로!

창세기~역대하 : 만물의 시작과 이스라엘의 시작

마태복음~요한복음 : 예수의 복음사역과 십자가 구속

에스라~말라기 : 이스라엘의 멸망과 새 시대의 시작

사도행전~요한계시록 : 교회의 시작과 선교

(3) 일반적으로 편집된 성경의 순서대로!

창세기~역대하 : 만물의 시작과 이스라엘의 시작

에스라~말라기 : 이스라엘의 멸망과 새 시대의 시작

마태복음~요한복음 : 예수의 복음사역과 십자가 구속

사도행전~요한계시록 : 교회의 시작과 선교

(4) 하나님의 섭리의 다각성을 살펴보면,

하나님의 섭리(뜻)는 다양한 방향으로 나타난다. 또한 하나님의 섭리(뜻)는 다양한 방법으로 나타난다.

(5) 역사이해 과거의 역사를 살피고 오늘의 관점에서 다시 재해석한다.

성경해석 본문시대의 역사 – 본문 속에 등장한 사건시대의 역사를 말한다.
기록시대의 역사 – 성경을 기술한 해당시대의 역사를 말한다.
독자시대의 역사 – 성경을 읽고 있는 독자시대의 역사를 말한다.

(6) 시간적, 공간적 역사하심 찾기

하나님의 사역은 시간적으로나 공간적으로 섬세하게 나타나며 또 역사하신다.
편집순 읽기 –> 연대기 읽기 –> 입체적 읽기 등 읽는 방법에 따라 다양한 은혜를 경험할 수 있음으로 맥체인성경통독도 매우 중요하다.

(7) 사복음서를 통해 입체적인 예수님을 보듯 신구약 네 장 통독을 통해 하나님의 역사하심을 입체적으로 보는 구조이다.

(8) 코끼리 알기 : 한 면만을 볼 경우 단면의 한계로 온전히 이해하기 어렵다.

코, 뿔, 다리, 꼬리 알기 : 각각의 특징, 지체를 종합하여 볼 때 온전한 모습을 볼 수 있다. 그러므로 성경의 네 시대를 함께 봄으로써 전체를 보는 구조이다.

(9) 구약과 신약이 짝을 이루어 흥미롭고 풍성하게 읽을 수 있는 구조다.

구약과 신약이 대조를 이루어 의미의 다채로움을 경험하며 읽을 수 있는 구조다.

(10) 전혀 다른 역사 속에서 믿는 자에게 발생했던 많은 문제들을 현재라는 시점에서 종합하여 묵상하고 현재의 문제를 창조적으로 해결해 가도록 돕는 구조이다.

(11) 편하게 읽을 것인가, 유익하게 읽을 것인가?

편하게 읽는다는 것은 생각을 단순화 시키는 것과 같다. 반면 유익하게 읽으려면 사고를 동원해야 한다.

(12) 익숙하게 읽을 것인가, 새롭게 읽을 것인가? 습관적으로, 전통적으로 읽으면 익숙하게 읽을 수는 있다. 하지만 새롭게 읽으려면 지도와 도움이 필요하다. 맥체인성경 통독은 약간의 훈련이 필요한 구조다.

(13) 영혼의 양식 먹기 : 하나님의 말씀을 먹는 방법은 매우 다양하다. 듣기, 읽기, 공부하기, 암송하기, 묵상하기, 적용하기 등이다.

(14) 단품, 코스, 퓨전, 뷔페 등 다양하게 음식먹기 : 어떤 음식을 어떻게 먹느냐에 따라 그 맛이 다르다. 맥체인성경 통독은 다양한 맛을 느끼게 하는 구조이다.

(15) 성경통독은 성경을 읽을 때 비행기를 타고 지나가듯 읽을 수 있으며 기차를 타고 지나가듯 읽을 수도 있다. 또한 자전거나 걸어가면서 가까이 보듯 읽을 수도 있다. 반면 맥체인성경은 입체적이며 전체대강의 줄거리를 보면서 묵상하는 구조다.

(16) 일차적으로 성경을 사면으로 이해한다.

이차적으로 네 장의 성경말씀을 핵심본문과 그에 대한 예제의 관계로 이해해 본다. 네 장 중 어떤 본문은 원리가 되고 어떤 본문은 그 예가 될 수 있는 구조다.

(17) 66권 중 한 권의 여러 장을 읽을 때 전체 대강의 줄거리를 묵상하는 일반적인 통독과는 달리, 66권 중 다른 네 권의 한 장씩을 합쳐 네 장을 읽을 때 링크된 내용을 묵상하게 됨으로 다양하게 역사하신 하나님의 구속사를 깨닫게 되는 구조다.

(18) 신구약성경 전체를 네 등분으로 하루에 4장씩 동시에 읽으면 성경에 기록된 장구한 하나님의 구원의 역사를 크게 네 시대, 네 상황으로 나누어 동시에 묵상할 수 있는 구조다.

(19) 신구약성경 전체를 네 시대로 구분하여 하루에 4장씩 동시에 읽으면 각 시대별로 또한 거시적인 안목으로 하나님의 다스리시는 통치의 역사를 역동적으로 묵상할 수 있는 구조다.

(20) 맥체인성경은 각 시대의 상황을 기록한 네 장의 다양한 성경 주제내용을 매일 묵상을 통해 하나로 묶는 풍성하고 놀라운 구조이다.

(21) 하나님의 구원의 역사를 한 눈에 볼 수 있도록 구성되어 있다. 세상을 향한 하나님의 마음과 생각을 폭넓게 연상할 수 있도록 구성되어 있다.

(22) 기존 성경을 읽을 때는 등장인물이 주인공이 될 때도 많이 있으나 맥체인성경의 신구약 4장을 읽으면 모든 통일주제와 개별주제의 주인공이 대부분 하나님과 예수님과 성령님이 되는 구조이다.

(23) 맥체인성경 통독은 시간의 초월 즉 역사의 초월을 통해 예언과 성취를 동시에 경험할 수 있는 구조이다. 이미 지나간 과거에 대한 긴 역사를 우리는 한 정점에서 동시에 묵상한다.

(24) 기존의 성경묵상은 한 책을 읽으므로 한 본문에 한 교훈을 찾는 것이 일반적이지만 맥체인성경 읽기와 묵상은 네 책을 읽고 네 본문의 공통점을 찾기 때문에 몇 개의 교훈이 나타난다. 그 중에 현재 감동을 주는 교훈을 적용하는 구조이다.

(25) 맥체인성경 통독은 새벽에 80~90절 정도의 핵심요절을 읽고 하루 중 정해 놓은 시간에 통일주제를 중심으로 4장 전체를 정독하면서 묵상문제를 풀어 영적인 만나를 먹는 구조이다.

(26) 맥체인성경의 바른 통독은 읽는 속도보다 읽는 자세에 있다. 신약과 구약의 각각 두 장을 필사하듯 정리하면서 깊이 묵상하는 자세로 읽으면 지혜의 은사를 경험할 수 있는 신비로운 구조이다. 더 나아가 통독을 뛰어넘어 정독의 영적 구조이다.

(27) 영화 감상하기 : 영화의 중심내용은 변할 수 없다. 하지만 그 전개 과정이나 보조적인 내용이 더 큰 감동과 좋은 기억을 주기도 한다. 구약 2장, 신약 2장씩 읽는 맥체인성경 통독방식은 본 중심내용 외에 다양한 감동을 줄 수 있는 구조이다.

(28) 맥체인성경 통독은 구약과 신약 4장을 읽을 때 특별히 교훈을 찾기 어려운 본문을 만나면 다른 본문을 통해 충분한 교훈을 얻을 수 있는 구조다. 예를 들어 구약에 족보만 나오는 장이 있을 때 신약은 족보와 연관된 풍성한 다른 내용이 펼쳐짐으로 충분한 교훈을 얻게 되는 구조다.

(29) 맥체인성경의 묵상하기 문제는 성경을 읽어나가면서 바로 성령의 감동을 받아 질문 문제를 작성한다. 읽은 말씀 중에서 여러 요절의 내용으로 문제를 만들 수도 있고 한 요절로 문제를 만들 수도 있다.

(30) 맥체인성경 통독은 성경을 내용 중심뿐만이 아니라 적용 중심으로 보게 하는 구조다. 일반적으로 적용은 한 본문일 경우 단면적 교훈을 찾게 된다. 하지만 맥체인 성경은 4장의 본문을 읽는 것이기 때문에 현실상황에 맞는 응용적인 여러 개의 교훈을 찾아 적용할 수 있도록 도와주는 놀라운 구조이다.

(31) 성경을 통독하는 이유는 먼저 내용을 알기 위함이다. 하지만 좀 더 나아가 묵상을 하고 그 내용을 삶에 적용하기 위함이다. 이를 위하여 다양한 사건의 본문을 대하는 것은 통독자에게 매우 유익하다. 한 본문이 아닌 여러 본문 속에서 다양한 적용을 찾아 적용 문제를 만들 수 있기 때문이다.

(32) 4장의 전개를 드라마의 시나리오 구성처럼 생각하고 묵상하라. 우선 등장인물 한 사람의 이야기부터 시작한다. 다음 등장인물을 중심으로 일어난 한 사건의 이야기를 풀어간다. 또한 다른 한 편에서 일어나는 인물과 사건에도 연계하여 내용을 파악, 전개한다. 종합적으로 시나리오를 완성한다.

(33) 워드링크(Word Link): 단어를 서로 연결한다. 성경 4장에는 같은 단어가 서로 연결되어 있고, 표현이 다른 단어지만 뜻이 같아 연결되어 있다.

(34) 미닝링크(Meaning Link): 의미가 서로 연결되어 있다. 신.구약성경 4장을 자세히 살펴보고 묵상하면 같은 의미가 서로 연결되어 있음을 알 수 있다.

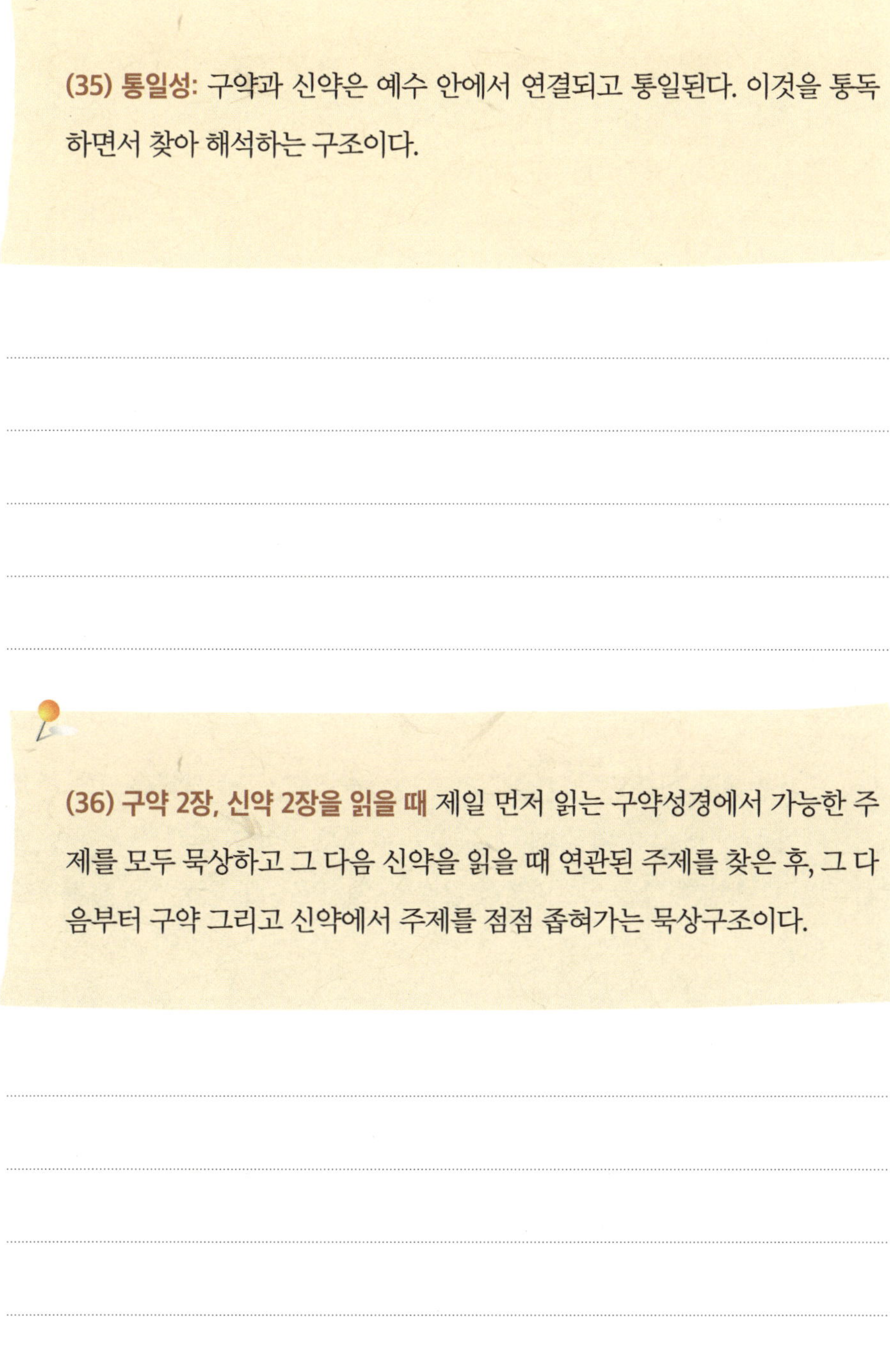

(35) 통일성: 구약과 신약은 예수 안에서 연결되고 통일된다. 이것을 통독하면서 찾아 해석하는 구조이다.

(36) 구약 2장, 신약 2장을 읽을 때 제일 먼저 읽는 구약성경에서 가능한 주제를 모두 묵상하고 그 다음 신약을 읽을 때 연관된 주제를 찾은 후, 그 다음부터 구약 그리고 신약에서 주제를 점점 좁혀가는 묵상구조이다.

(37) 네 권의 책을 한 장씩 읽을 때 먼저 각 장마다 전체적인 내용을 파악하고 핵심주제 2개 이상을 찾는다. 그 다음 각 장의 주제를 비교하여 동일한 것을 연결하여 묵상하는 구조이다.

(38) 먼저 첫 번째 장을 읽을 때 전체 줄거리 중에서 몇 개의 주제를 찾고 이어 두 번째 장을 읽을 때 그 중 같은 주제를 찾아 연관 짓는다. 이어 세 번째, 네 번째 장을 읽으면서 통일된 한 개의 주제로 압축하는 통독구조이다.

(39) 워드링크를 할 때 꼭 네 장 중에 같은 단어만을 뽑는 것은 아니다. 한 단어만 뽑더라도 다른 장에서 비슷한 단어가 나오면 연결할 수 있다. 전혀 단어로 연결이 되지 않을 때는 네 장의 모든 내용을 담을 수 있는 새로운 단어를 제시하면 된다.

(40) 성경을 읽으면서 하나님의 모습, 신앙인의 모습, 대적자의 모습, 주어진 환경등을 분류하면서 세심하게 읽으면 통일주제를 더 쉽게 발견할 수 있는 구조다.

(41) 성경 4장 본문을 읽고 4시대 가운데 나타나는 하나님의 역사에 대해 공통주제와 사상을 찾은 후 그 핵심단어를 서로 링크하여 적용점을 묵상하는 구조이다.

(42) 신구약 4장은 각 장마다 주제를 가지고 있다. 그 각 장의 개별주제를 서로 연결하여 연합내용을 작성한다. 이 때 연합내용은 통일주제를 설명하는 핵심내용이 되는 구조다.

(43) 파편적으로 듣는 말씀 : 우리가 듣는 설교는 일반적으로 설교자의 주관적 본문선택 및 해석에 의해 듣게 되는 경우가 많다. 단 강해설교는 예외일 수 있다.

종합적으로 듣는 말씀 : 반면 맥체인성경의 통독은 전혀 다른 본문을 순서적으로 읽게 되어 입체적이고 사면적으로 통독하기에 종합적인 말씀이 된다.

(44) 기존성경은 권마다 줄거리를 가지고 있다. 그러므로 맥체인성경을 묵상할 때도 신구약 4장의 내용의 공통주제를 찾은 후 그 다음 4장의 줄거리를 정리할 때 연속적으로 연관된 내용이 되도록 묵상함이 바람직하다.

(45) 신구약 4장을 동시에 읽으면 전혀 다른 배경과 내용이 나온다. 그 곳에서 공통점을 찾으면 주님의 입체적으로 일하심을 발견하게 된다. 따라서 지금 우리의 기도와 실천도 다양한 말씀에 대입하고 응용하여 주어진 삶에 적용할 수 있는 구조다.

(46) 묵상하기 여덟 문제의 답을 요약하여 핵심을 정리하고 그것을 중심으로 세 가지의 기도문 초안을 작성한 후, 신구약 네 장의 성경을 기도 중에 재차 묵상하는 구조이다.

(47) 통일주제를 찾을 때 다음의 순서로 접근하는 것이 바람직하다. 먼저 하나님의 입장에서, 다음으로 중심등장인물 입장에서, 그리고 내용의 특징에서 찾는 것이다.

Chapter 3

맥체인성경 찾기

1. 맥체인성경 정독 주제찾기

주제	성경본문	찬송가	맥체인성경365		사용기록
			월 일	page	
각오	민 6 | 시 40,41 | 아 4 | 히 4	269	4월 29일	670	
간섭	창 20 | 마 19 | 느 9 | 행 19	604	1월 19일	108	
감당	출 38 | 요 17 | 잠 14 | 빌 1	50	3월 27일	514	
감사	창 8 | 마 8 | 스 8 | 행 8	304	1월 8일	39	
감찰	창 11 | 마 10 | 스 10 | 행 10	598	1월 10일	53	
개입	창 19 | 마 18 | 느 8 | 행 18	262	1월 18일	102	
거처	신 7 | 시 90 | 사 35 | 계 5	342	6월 3일	853	
견해	출 3 | 눅 6 | 욥 20 | 고전 7	323	2월 20일	308	
결단	창 43 | 막 13 | 욥 9 | 롬 13	175	2월 10일	252	
경계	레 11,12 | 시 13,14 | 잠 26 | 살전 5	446	4월 8일	573	
경외	레 26 | 시 33 | 전 9 | 딛 1	204	4월 22일	639	
경청	신 6 | 시 89 | 사 34 | 계 4	293	6월 2일	848	
계획	창 27 | 마 26 | 에 3 | 행 26	375	1월 26일	157	
고백	레 13 | 시 15,16 | 잠 27 | 살후 1	472	4월 9일	578	
고생	창 47 | 눅 1:1~38 | 욥 13 | 고전 1	204	2월 14일	276	
곤고	창 37 | 막 7 | 욥 3 | 롬 7	380	2월 4일	216	
과정	민 8 | 시 44 | 아 6 | 히 6	331	5월 1일	683	
관계	출 20 | 눅 23 | 욥 38 | 고후 8	200	3월 9일	411	
관여	레 6 | 시 5,6 | 잠 21 | 골 4	424	4월 3일	551	
교만	민 16 | 시 52,53,54 | 사 6 | 히 13	273	5월 8일	718	
구별	출 30 | 요 9 | 잠 6 | 갈 5	42	3월 19일	470	
구원	출 12:21~51 | 눅 15 | 욥 30 | 고전 16	290	3월 1일	367	
권세	출 1 | 눅 4 | 욥 18 | 고전 5	73	2월 18일	298	

주제	성경본문	찬송가	맥체인성경365		사용기록
			월 일	page	
권위	창 41 | 막 11 | 욥 7 | 롬 11	382	2월 8일	239	
권징	신 25 | 시 116 | 사 52 | 계 22	348	6월 20일	934	
극복	수 1 | 시 120,121,122 | 사 61 | 마 9	450	6월 29일	981	
근절	레 18 | 시 22 | 전 1 | 딤전 3	325	4월 14일	603	
금지	레 17 | 시 20,21 | 잠 31 | 딤전 2	421	4월 13일	599	
긍휼	신 15 | 시 102 | 사 42 | 계 12	304	6월 10일	885	
기도	신 9 | 시 92,93 | 사 37 | 계 7	400	6월 5일	860	
기업	민 32 | 시 77 | 사 24 | 요일 2	439	5월 23일	795	
기준	창 24 | 마 23 | 느 13 | 행 23	602	1월 23일	135	
능력	출 4 | 눅 7 | 욥 21 | 고전 8	423	2월 21일	315	
단절	출 28 | 요 7 | 잠 4 | 갈 3	312	3월 17일	456	
달성	출 40 | 요 19 | 잠 16 | 빌 3	600	3월 29일	526	
담당	민 4 | 시 38 | 아 2 | 히 2	595	4월 27일	662	
대가	출 13 | 눅 16 | 욥 31 | 고후 1	379	3월 2일	372	
대안	민 17,18 | 시 55 | 사 7 | 약 1	342	5월 9일	724	
대언	신 18 | 시 105 | 사 45 | 계 15	81	6월 13일	900	
도움	출 2 | 눅 5 | 욥 19 | 고전 6	465	2월 19일	303	
도피	민 35 | 시 79 | 사 27 | 요일 5	257	5월 26일	810	
동역	출 14 | 눅 17 | 욥 32 | 고후 2	521	3월 3일	377	
동행	창 5 | 마 5 | 스 5 | 행 5	430	1월 5일	22	
드림	창 22 | 마 21 | 느 11 | 행 21	216	1월 21일	121	
따름	민 10 | 시 46,47 | 아 8 | 히 8	351	5월 3일	691	
떠남	창 39 | 막 9 | 욥 5 | 롬 9	14	2월 6일	228	
마음	신 8 | 시 91 | 사 36 | 계 6	357	6월 4일	856	

주제	성경본문	찬송가	맥체인성경365		사용기록
			월 일	page	
마침	창 45 | 막 15 | 욥 11 | 롬 15	144	2월 12일	265	
만남	출 24 | 요 3 | 욥 42 | 고후 12	74	3월 13일	433	
말씀	레 16 | 시 19 | 잠 30 | 딤전 1	252	4월 12일	594	
명령	신 3 | 시 85 | 사 31 | 계 1	218	5월 30일	831	
무장	레 9 | 시 10 | 잠 24 | 살전 3	25	4월 6일	565	
무지	출 6 | 눅 9 | 욥 23 | 고전 10	383	2월 23일	327	
미래	창 48 | 눅 1:39~80 | 욥 14 | 고전 2	179	2월 15일	282	
믿음	창 15 | 마 14 | 느 4 | 행 14	300	1월 14일	78	
반복	창 35,36 | 막 6 | 욥 2 | 롬 6	458	2월 3일	208	
반전	창 29 | 마 28 | 에 5 | 행 28	391	1월 28일	172	
반포	레 8 | 시 9 | 잠 23 | 살전 2	426	4월 5일	560	
방법	창 30 | 막 1 | 에 6 | 롬 1	441	1월 29일	177	
방향	창 13 | 마 12 | 느 2 | 행 12	435	1월 12일	65	
배려	신 19 | 시 106 | 사 46 | 계 16	310	6월 14일	905	
변화	창 9,10 | 마 9 | 스 9 | 행 9	546	1월 9일	46	
보호	창 28 | 마 27 | 에 4 | 행 27	96	1월 27일	165	
부정	민 19 | 시 56,57 | 사 8, 9:1~7 | 약 2	426	5월 10일	730	
부탁	출 34 | 요 13 | 잠 10 | 엡 3	524	3월 23일	492	
불만	출 17 | 눅 20 | 욥 35 | 고후 5	526	3월 6일	394	
사귐	민 31 | 시 75,76 | 사 23 | 요일 1	333	5월 22일	790	
사랑	민 33 | 시 78:1~37 | 사 25 | 요일 3	391	5월 24일	800	
사명	출 27 | 요 6 | 잠 3 | 갈 2	446	3월 16일	449	
사역	창 7 | 마 7 | 스 7 | 행 7	430	1월 7일	33	
새삶	창 46 | 막 16 | 욥 12 | 롬 16	220	2월 13일	271	

주제	성경본문	찬송가	맥체인성경365		사용기록
			월 일	page	
생명	출 11,12:1~20 | 눅 14 | 욥 29 | 고전 15	263	2월 28일	359	
생활	창 42 | 막 12 | 욥 8 | 롬 12	347	2월 9일	246	
선물	창 2 | 마 2 | 스 2 | 행 2	66	1월 2일	5	
선포	창 49 | 눅 2 | 욥 15 | 고전 3	447	2월 16일	286	
섭리	민 20 | 시 58,59 | 사 9:8~10:4 | 약 3	212	5월 11일	735	
성결	출 39 | 요 18 | 잠 15 | 빌 2	25	3월 28일	520	
성령	출 35 | 요 14 | 잠 11 | 엡 4	43	3월 24일	498	
성별	레 5 | 시 3,4 | 잠 20 | 골 3	423	4월 2일	547	
성숙	레 7 | 시 7,8 | 잠 22 | 살전 1	425	4월 4일	556	
성실	레 15 | 시 18 | 잠 29 | 살후 3	422	4월 11일	589	
세움	창 14 | 마 13 | 느 3 | 행 13	382	1월 13일	70	
소외	신 10 | 시 94 | 사 38 | 계 8	252	6월 6일	866	
소원	신 33,34 | 시 119:145~176 | 사 60 | 마 8	31	6월 28일	974	
소유	민 3 | 시 37 | 아 1 | 히 1	288	4월 26일	656	
속량	레 25 | 시 32 | 전 8 | 딤후 4	415	4월 21일	634	
속성	레 22 | 시 28,29 | 전 5 | 딤후 1	200	4월 18일	620	
송축	신 16 | 시 103 | 사 43 | 계 13	32	6월 11일	890	
순수	레 19 | 시 23,24 | 전 2 | 딤전 4	449	4월 15일	607	
순종	출 5 | 눅 8 | 욥 22 | 고전 9	382	2월 22일	321	
승리	창 33 | 막 4 | 에 9, 10 | 롬 4	449	2월 1일	197	
시각	신 20 | 시 107 | 사 47 | 계 17	430	6월 15일	910	
시기	민 28 | 시 72 | 사 19,20 | 벧후 1	213	5월 19일	776	
시작	창 1 | 마 1 | 스 1 | 행 1	79	1월 1일	1	
시험	창 4 | 마 4 | 스 4 | 행 4	255	1월 4일	16	

주제	성경본문	찬송가	맥체인성경365		사용기록
			월 일	page	
실천	신 31 | 시 119:97~120 | 사 58 | 마 6	328	6월 26일	963	
심판	민 26 | 시 69 | 사 16 | 벧전 4	550	5월 17일	766	
씨름	창 32 | 막 3 | 에 8 | 롬 3	400	1월 31일	190	
안식	레 23 | 시 30 | 전 6 | 딤후 2	471	4월 19일	625	
알림	창 40 | 막 10 | 욥 6 | 롬 10	300	2월 7일	234	
약속	창 12 | 마 11 | 느 1 | 행 11	347	1월 11일	60	
언약	신 29 | 시 119:49~72 | 사 56 | 마 4	383	6월 24일	953	
역경	창 34 | 막 5 | 욥 1 | 롬 5	381	2월 2일	202	
역사	출 7 | 눅 10 | 욥 24 | 고전 11	354	2월 24일	334	
역전	창 38 | 막 8 | 욥 4 | 롬 8	263	2월 5일	222	
연결	출 37 | 요 16 | 잠 13 | 엡 6	199	3월 26일	509	
예배	신 12 | 시 97,98 | 사 40 | 계 10	420	6월 8일	874	
예비	출 19 | 눅 22 | 욥 37 | 고후 7	459	3월 8일	404	
오름	레 1 | 요 20 | 잠 17 | 빌 4	197	3월 30일	532	
외침	민 36 | 시 80 | 사 28 | 요이 1	371	5월 27일	815	
우선	수 3 | 시 126,127,128 | 사 63 | 마 11	320	7월 1일	991	
원칙	레 10 | 시 11,12 | 잠 25 | 살전 4	279	4월 7일	569	
위대	민 11 | 시 48 | 사 1 | 히 9	276	5월 4일	695	
위임	출 29 | 요 8 | 잠 5 | 갈 4	459	3월 18일	463	
위치	민 2 | 시 36 | 전 12 | 몬 1	351	4월 25일	653	
유일	신 13,14 | 시 99,100,101 | 사 41 | 계 11	29	6월 9일	879	
은사	출 8 | 눅 11 | 욥 25,26 | 고전 12	73	2월 25일	340	
음모	민 23 | 시 64,65 | 사 13 | 벧전 1	73	5월 14일	751	
응답	창 21 | 마 20 | 느 10 | 행 20	291	1월 20일	115	

주제	성경본문	찬송가	맥체인성경365		사용기록
			월 일	page	
이유	출 26 | 요 5 | 잠 2 | 갈 1	210	3월 15일	444	
이치	신 17 | 시 104 | 사 44 | 계 14	449	6월 12일	894	
인도	민 9 | 시 45 | 아 7 | 히 7	82	5월 2일	687	
인자	신 26 | 시 117,118 | 사 53 | 마 1	66	6월 21일	938	
임재	민 24 | 시 66,67 | 사 14 | 벧전 2	478	5월 15일	756	
자격	레 21 | 시 26,27 | 전 4 | 딤전 6	321	4월 17일	616	
자비	민 34 | 시 78:38~72 | 사 26 | 요일 4	12	5월 25일	806	
자세	출 33 | 요 12 | 잠 9 | 엡 2	150	3월 22일	487	
자유	출 21 | 눅 24 | 욥 39 | 고후 9	500	3월 10일	417	
작심	민 30 | 시 74 | 사 22 | 벧후 3	313	5월 21일	786	
작정	레 27 | 시 34 | 전 10 | 딛 2	323	4월 23일	644	
전략	민 22 | 시 62,63 | 사 11,12 | 약 5	258	5월 13일	745	
전쟁	민 21 | 시 60,61 | 사 10:5~34 | 약 4	545	5월 12일	740	
점검	민 1 | 시 35 | 전 11 | 딛 3	353	4월 24일	648	
정결	레 14 | 시 17 | 잠 28 | 살후 2	423	4월 10일	583	
정도	신 2 | 시 83,84 | 사 30 | 유 1	267	5월 29일	824	
정돈	창 16 | 마 15 | 느 5 | 행 15	538	1월 15일	83	
제거	신 21 | 시 108,109 | 사 48 | 계 18	254	6월 16일	914	
제사	레 20 | 시 25 | 전 3 | 딤전 5	357	4월 16일	611	
제시	출 25 | 요 4 | 잠 1 | 고후 13	211	3월 14일	438	
조심	민 5 | 시 39 | 아 3 | 히 3	486	4월 28일	666	
종말	창 25 | 마 24 | 에 1 | 행 24	359	1월 24일	144	
죄악	민 15 | 시 51 | 사 5 | 히 12	250	5월 7일	712	
주관	신 4 | 시 86,87 | 사 32 | 계 2	331	5월 31일	835	

주제	성경본문	찬송가	맥체인성경365		사용기록
			월 일	page	
주뜻	창 6 | 마 6 | 스 6 | 행 6	515	1월 6일	28	
주심	출 16 | 눅 19 | 욥 34 | 고후 4	429	3월 5일	388	
준비	창 23 | 마 22 | 느 12 | 행 22	607	1월 22일	128	
준행	신 27,28:1~19 | 시 119:1~24 | 사 54 | 마 2	29	6월 22일	942	
중보	신 5 | 시 88 | 사 33 | 계 3	218	6월 1일	843	
지불	출 22 | 요 1 | 욥 40 | 고후 10	87	3월 11일	422	
지속	레 24 | 시 31 | 전 7 | 딤후 3	606	4월 20일	629	
지식	출 18 | 눅 21 | 욥 36 | 고후 6	330	3월 7일	399	
지적	신 32 | 시 119:121~144 | 사 59 | 마 7	521	6월 27일	968	
지킴	출 23 | 요 2 | 욥 41 | 고후 11	588	3월 12일	428	
지혜	창 26 | 마 25 | 에 2 | 행 25	374	1월 25일	150	
직시	수 2 | 시 123,124,125 | 사 62 | 마 10	595	6월 30일	985	
진노	민 25 | 시 68 | 사 15 | 벧전 3	311	5월 16일	761	
진심	신 1 | 시 81,82 | 사 29 | 요삼 1	200	5월 28일	819	
징계	신 28:20~68 | 시 119:25~48 | 사 55 | 마 3	347	6월 23일	947	
차이	출 10 | 눅 13 | 욥 28 | 고전 14	435	2월 27일	352	
착각	민 12,13 | 시 49 | 사 2 | 히 10	454	5월 5일	700	
찬양	출 15 | 눅 18 | 욥 33 | 고후 3	585	3월 4일	382	
책임	민 14 | 시 50 | 사 3,4 | 히 11	342	5월 6일	706	
청종	신 30 | 시 119:73~96 | 사 57 | 마 5	313	6월 25일	957	
초심	신 24 | 시 114,115 | 사 51 | 계 21	426	6월 19일	929	
최후	출 9 | 눅 12 | 욥 27 | 고전 13	286	2월 26일	346	
축복	출 32 | 요 11 | 잠 8 | 엡 1	274	3월 21일	480	
탁월	창 18 | 마 17 | 느 7 | 행 17	569	1월 17일	95	

주제	성경본문	찬송가	맥체인성경365		사용기록
			월 일	page	
통치	신 22 | 시 110,111 | 사 49 | 계 19	420	6월 17일	920	
퇴진	민 27 | 시 70,71 | 사 17,18 | 벧전 5	240	5월 18일	772	
특혜	신 23 | 시 112,113 | 사 50 | 계 20	75	6월 18일	925	
판단	출 31 | 요 10 | 잠 7 | 갈 6	575	3월 20일	476	
표적	창 17 | 마 16 | 느 6 | 행 16	407	1월 16일	89	
풍성	출 36 | 요 15 | 잠 12 | 엡 5	330	3월 25일	504	
합리	민 29 | 시 73 | 사 21 | 벧후 2	214	5월 20일	781	
해결	창 31 | 막 2 | 에 7 | 롬 2	486	1월 30일	184	
행위	창 50 | 눅 3 | 욥 16,17 | 고전 4	237	2월 17일	292	
행함	신 11 | 시 95,96 | 사 39 | 계 9	206	6월 7일	870	
허물	레 4 | 시 1,2 | 잠 19 | 골 2	255	4월 1일	543	
헌물	민 7 | 시 42,43 | 아 5 | 히 5	218	4월 30일	675	
헌신	창 44 | 막 14 | 욥 10 | 롬 14	94	2월 11일	258	
화목	레 2,3 | 요 21 | 잠 18 | 골 1	225	3월 31일	537	
회복	창 3 | 마 3 | 스 3 | 행 3	284	1월 3일	12	

2. 맥체인성경읽기표

1월

365 일차	날짜	가정		개인		체크
1	1/1	창 1	마 1	스 1	행 1	
2	2	창 2	마 2	스 2	행 2	
3	3	창 3	마 3	스 3	행 3	
4	4	창 4	마 4	스 4	행 4	
5	5	창 5	마 5	스 5	행 5	
6	6	창 6	마 6	스 6	행 6	
7	7	창 7	마 7	스 7	행 7	
8	8	창 8	마 8	스 8	행 8	
9	9	창9·10	마 9	스 9	행 9	
10	10	창11	마10	스10	행10	
11	11	창12	마11	느 1	행11	
12	12	창13	마12	느 2	행12	
13	13	창14	마13	느 3	행13	
14	14	창15	마14	느 4	행14	
15	15	창16	마15	느 5	행15	
16	16	창17	마16	느 6	행16	
17	17	창18	마17	느 7	행17	
18	18	창19	마18	느 8	행18	
19	19	창20	마19	느 9	행19	
20	20	창21	마20	느10	행20	
21	21	창22	마21	느11	행21	
22	22	창23	마22	느12	행22	
23	23	창24	마23	느13	행23	
24	24	창25	마24	에 1	행24	
25	25	창26	마25	에 2	행25	
26	26	창27	마26	에 3	행26	
27	27	창28	마27	에 4	행27	
28	28	창29	마28	에 5	행28	
29	29	창30	막 1	에 6	롬 1	
30	30	창31	막 2	에 7	롬 2	
31	31	창32	막 3	에 8	롬 3	

2월

365 일차	날짜	가정		개인		체크
32	2/1	창33	막 4	에9·10	롬 4	
33	2	창34	막 5	욥 1	롬 5	
34	3	창35·36	막 6	욥 2	롬 6	
35	4	창37	막 7	욥 3	롬 7	
36	5	창38	막 8	욥 4	롬 8	
37	6	창39	막 9	욥 5	롬 9	
38	7	창40	막10	욥 6	롬10	
39	8	창41	막11	욥 7	롬11	
40	9	창42	막12	욥 8	롬12	
41	10	창43	막13	욥 9	롬13	
42	11	창44	막14	욥10	롬14	
43	12	창45	막15	욥11	롬15	
44	13	창46	막16	욥12	롬16	
45	14	창47	눅1:1~38	욥13	고전1	
46	15	창48	눅1:39~80	욥14	고전2	
47	16	창49	눅 2	욥15	고전3	
48	17	창50	눅 3	욥16·17	고전4	
49	18	출 1	눅 4	욥18	고전5	
50	19	출 2	눅 5	욥19	고전6	
51	20	출 3	눅 6	욥20	고전7	
52	21	출 4	눅 7	욥21	고전8	
53	22	출 5	눅 8	욥22	고전9	
54	23	출 6	눅 9	욥23	고전10	
55	24	출 7	눅10	욥24	고전11	
56	25	출 8	눅11	욥25·26	고전12	
57	26	출 9	눅12	욥27	고전13	
58	27	출10	눅13	욥28	고전14	
59	28	출11·12:1~21	눅14	욥29	고전15	

3월

365 일차	날짜	가정		개인		체크
60	3/1	출12:22~51	눅15	욥30	고전16	
61	2	출13	눅16	욥31	**고후 1**	
62	3	출14	눅17	욥32	고후 2	
63	4	출15	눅18	욥33	고후 3	
64	5	출16	눅19	욥34	고후 4	
65	6	출17	눅20	욥35	고후 5	
66	7	출18	눅21	욥36	고후 6	
67	8	출19	눅22	욥37	고후 7	
68	9	출20	눅23	욥38	고후 8	
69	10	출21	눅24	욥39	고후 9	
70	11	출22	**요 1**	욥40	고후10	
71	12	출23	요 2	욥41	고후11	
72	13	출24	요 3	욥42	고후12	
73	14	출25	요 4	**잠 1**	고후13	
74	15	출26	요 5	잠 2	**갈 1**	
75	16	출27	요 6	잠 3	갈 2	
76	17	출28	요 7	잠 4	갈 3	
77	18	출29	요 8	잠 5	갈 4	
78	19	출30	요 9	잠 6	갈 5	
79	20	출31	요10	잠 7	갈 6	
80	21	출32	요11	잠 8	**엡 1**	
81	22	출33	요12	잠 9	엡 2	
82	23	출34	요13	잠10	엡 3	
83	24	출35	요14	잠11	엡 4	
84	25	출36	요15	잠12	엡 5	
85	26	출37	요16	잠13	엡 6	
86	27	출38	요17	잠14	**빌 1**	
87	28	출39	요18	잠15	빌 2	
88	29	출40	요19	잠16	빌 3	
89	30	**레 1**	요20	잠17	빌 4	
90	31	레2·3	요21	잠18	**골 1**	

4월

365 일차	날짜	가정		개인		체크
91	4/1	레 4	시1·2	잠19	골 2	
92	2	레 5	시3·4	잠20	골 3	
93	3	레 6	시5·6	잠21	골 4	
94	4	레 7	시7·8	잠22	**살전1**	
95	5	레 8	시 9	잠23	살전2	
96	6	레 9	시10	잠24	살전3	
97	7	레10	시11·12	잠25	살전4	
98	8	레11·12	시13·14	잠26	살전5	
99	9	레13	시15·16	잠27	**살후1**	
100	10	레14	시17	잠28	살후2	
101	11	레15	시18	잠29	살후3	
102	12	레16	시19	잠30	**딤전1**	
103	13	레17	시20·21	잠31	딤전2	
104	14	레18	시22	**전 1**	딤전3	
105	15	레19	시23·24	전 2	딤전4	
106	16	레20	시25	전 3	딤전5	
107	17	레21	시26·27	전 4	딤전6	
108	18	레22	시28·29	전 5	**딤후1**	
109	19	레23	시30	전 6	딤후2	
110	20	레24	시31	전 7	딤후3	
111	21	레25	시32	전 8	딤후4	
112	22	레26	시33	전 9	**딛 1**	
113	23	레27	시34	전10	딛 2	
114	24	**민 1**	시35	전11	딛 3	
115	25	민 2	시36	전12	**몬 1**	
116	26	민 3	시37	**아 1**	**히 1**	
117	27	민 4	시38	아 2	히 2	
118	28	민 5	시39	아 3	히 3	
119	29	민 6	시40·41	아 4	히 4	
120	30	민 7	시42·43	아 5	히 5	

5월

365 일차	날짜	가정		개인		체크
121	5/1	민 8	시44	아 6	히 6	
122	2	민 9	시45	아 7	히 7	
123	3	민10	시46·47	아 8	히 8	
124	4	민11	시48	**사 1**	히 9	
125	5	민12·13	시49	사 2	히10	
126	6	민14	시50	사3·4	히11	
127	7	민15	시51	사 5	히12	
128	8	민16	시52~54	사 6	히13	
129	9	민17·18	시55	사 7	**약 1**	
130	10	민19	시56·57	사8·9:1~7	약 2	
131	11	민20	시58·59	사9:8~10:4	약 3	
132	12	민21	시60·61	사10:5~34	약 4	
133	13	민22	시62·63	사11·12	약 5	
134	14	민23	시64·65	사13	**벧전1**	
135	15	민24	시66·67	사14	벧전2	
136	16	민25	시68	사15	벧전3	
137	17	민26	시69	사16	벧전4	
138	18	민27	시70·71	사17·18	벧전5	
139	19	민28	시72	사19·20	**벧후1**	
140	20	민29	시73	사21	벧후2	
141	21	민30	시74	사22	벧후3	
142	22	민31	시75·76	사23	**요일1**	
143	23	민32	시77	사24	요일2	
144	24	민33	시78:1~37	사25	요일3	
145	25	민34	시78:38~72	사26	요일4	
146	26	민35	시79	사27	요일5	
147	27	민36	시80	사28	**요이1**	
148	28	**신 1**	시81·82	사29	**요삼1**	
149	29	신 2	시83·84	사30	**유 1**	
150	30	신 3	시85	사31	**계 1**	
151	31	신 4	시86·87	사32	계 2	

6월

365 일차	날짜	가정		개인		체크
152	6/1	신 5	시88	사33	계 3	
153	2	신 6	시89	사34	계 4	
154	3	신 7	시90	사35	계 5	
155	4	신 8	시91	사36	계 6	
156	5	신 9	시92·93	사37	계 7	
157	6	신10	시94	사38	계 8	
158	7	신11	시95·96	사39	계 9	
159	8	신12	시97·98	사40	계10	
160	9	신13·14	시99~101	사41	계11	
161	10	신15	시102	사42	계12	
162	11	신16	시103	사43	계13	
163	12	신17	시104	사44	계14	
164	13	신18	시105	사45	계15	
165	14	신19	시106	사46	계16	
166	15	신20	시107	사47	계17	
167	16	신21	시108·109	사48	계18	
168	17	신22	시110·111	사49	계19	
169	18	신23	시112·113	사50	계20	
170	19	신24	시114·115	사51	계21	
171	20	신25	시116	사52	계22	
172	21	신26	시117·118	사53	**마 1**	
173	22	신27·28:1~19	시119:1~24	사54	마 2	
174	23	신28:20~68	시119:25~48	사55	마 3	
175	24	신29	시119:49~72	사56	마 4	
176	25	신30	시119:73~96	사57	마 5	
177	26	신31	시119:97~120	사58	마 6	
178	27	신32	시119:121~144	사59	마 7	
179	28	신33·34	시119:145~176	사60	마 8	
180	29	**수 1**	시120~122	사61	마 9	
181	30	수 2	시123~125	사62	마10	

7월

365 일차	날짜	가정		개인		체크
182	7/1	수 3	시126~128	사63	마11	
183	2	수 4	시129~131	사64	마12	
184	3	수5·6:1~5	시132~134	사65	마13	
185	4	수6:6~27	시135·136	사66	마14	
186	5	수 7	시137·138	**렘 1**	마15	
187	6	수 8	시139	렘 2	마16	
188	7	수 9	시140·141	렘 3	마17	
189	8	수10	시142·143	렘 4	마18	
190	9	수11	시144	렘 5	마19	
191	10	수12·13	시145	렘 6	마20	
192	11	수14·15	시146·147	렘 7	마21	
193	12	수16·17	시148	렘 8	마22	
194	13	수18·19	시149·150	렘 9	마23	
195	14	수20·21	**행 1**	렘10	마24	
196	15	수22	행 2	렘11	마25	
197	16	수23	행 3	렘12	마26	
198	17	수24	행 4	렘13	마27	
199	18	**삿 1**	행 5	렘14	마28	
200	19	삿 2	행 6	렘15	**막 1**	
201	20	삿 3	행 7	렘16	막 2	
202	21	삿 4	행 8	렘17	막 3	
203	22	삿 5	행 9	렘18	막 4	
204	23	삿 6	행10	렘19	막 5	
205	24	삿 7	행11	렘20	막 6	
206	25	삿 8	행12	렘21	막 7	
207	26	삿 9	행13	렘22	막 8	
208	27	삿10·11:1~11	행14	렘23	막 9	
209	28	삿11:12~40	행15	렘24	막10	
210	29	삿12	행16	렘25	막11	
211	30	삿13	행17	렘26	막12	
212	31	삿14	행18	렘27	막13	

8월

365 일차	날짜	가정		개인		체크
213	8/1	삿15	행19	렘28	막14	
214	2	삿16	행20	렘29	막15	
215	3	삿17	행21	렘30·31	막16	
216	4	삿18	행22	렘32	**시1·2**	
217	5	삿19	행23	렘33	시3·4	
218	6	삿20	행24	렘34	시5·6	
219	7	삿21	행25	렘35	시7·8	
220	8	**룻 1**	행26	렘36·37	시 9	
221	9	룻 2	행27	렘38	시10	
222	10	룻3·4	행28	렘39	시11·12	
223	11	**삼상1**	**롬 1**	렘40	시13·14	
224	12	삼상2	롬 2	렘41	시15·16	
225	13	삼상3	롬 3	렘42	시17	
226	14	삼상4	롬 4	렘43	시18	
227	15	삼상5·6	롬 5	렘44	시19	
228	16	삼상7·8	롬 6	렘45	시20·21	
229	17	삼상9	롬 7	렘46	시22	
230	18	삼상10	롬 8	렘47	시23·24	
231	19	삼상11	롬 9	렘48	시25	
232	20	삼상12	롬10	렘49	시26·27	
233	21	삼상13	롬11	렘50	시28·29	
234	22	삼상14	롬12	렘51	시30	
235	23	삼상15	롬13	렘52	시31	
236	24	삼상16	롬14	**애 1**	시32	
237	25	삼상17	롬15	애 2	시33	
238	26	삼상18	롬16	애 3	시34	
239	27	삼상19	**고전1**	애 4	시35	
240	28	삼상20	고전2	애 5	시36	
241	29	삼상21·22	고전3	**겔 1**	시37	
242	30	삼상23	고전4	겔 2	시38	
243	31	삼상24	고전5	겔 3	시39	

9월

365 일차	날짜	가정		개인		체크
244	9/1	삼상25	고전 6	겔 4	시40·41	
245	2	삼상26	고전 7	겔 5	시42·43	
246	3	삼상27	고전 8	겔 6	시44	
247	4	삼상28	고전 9	겔 7	시45·46	
248	5	삼상29·30	고전10	겔 8	시47	
249	6	삼상31	고전11	겔 9	시48	
250	7	**삼하 1**	고전12	겔10	시49	
251	8	삼하 2	고전13	겔11	시50	
252	9	삼하 3	고전14	겔12	시51	
253	10	삼하4·5	고전15	겔13	시52~54	
254	11	삼하 6	고전16	겔14	시55	
255	12	삼하 7	**고후 1**	겔15	시56·57	
256	13	삼하8·9	고후 2	겔16	시58·59	
257	14	삼하10	고후 3	겔17	시60·61	
258	15	삼하11	고후 4	겔18	시62·63	
259	16	삼하12	고후 5	겔19	시64·65	
260	17	삼하13	고후 6	겔20	시66·67	
261	18	삼하14	고후 7	겔21	시68	
262	19	삼하15	고후 8	겔22	시69	
263	20	삼하16	고후 9	겔23	시70·71	
264	21	삼하17	고후10	겔24	시72	
265	22	삼하18	고후11	겔25	시73	
266	23	삼하19	고후12	겔26	시74	
267	24	삼하20	고후13	겔27	시75·76	
268	25	삼하21	**갈 1**	겔28	시77	
269	26	삼하22	갈 2	겔29	시78:1~37	
270	27	삼하23	갈 3	겔30	시78:38~72	
271	28	삼하24	갈 4	겔31	시79	
272	29	**왕상 1**	갈 5	겔32	시80	
273	30	왕상 2	갈 6	겔33	시81·82	

10월

365 일차	날짜	가정		개인		체크
274	10/1	왕상 3	**엡 1**	겔34	시83·84	
275	2	왕상4·5	엡 2	겔35	시85	
276	3	왕상 6	엡 3	겔36	시86	
277	4	왕상 7	엡 4	겔37	시87·88	
278	5	왕상 8	엡 5	겔38	시89	
279	6	왕상 9	엡 6	겔39	시90	
280	7	왕상10	**빌 1**	겔40	시91	
281	8	왕상11	빌 2	겔41	시92·93	
282	9	왕상12	빌 3	겔42	시94	
283	10	왕상13	빌 4	겔43	시95·96	
284	11	왕상14	**골 1**	겔44	시97·98	
285	12	왕상15	골 2	겔45	시99~101	
286	13	왕상16	골 3	겔46	시102	
287	14	왕상17	골 4	겔47	시103	
288	15	왕상18	**살전 1**	겔48	시104	
289	16	왕상19	살전 2	**단 1**	시105	
290	17	왕상20	살전 3	단 2	시106	
291	18	왕상21	살전 4	단 3	시107	
292	19	왕상22	살전 5	단 4	시108·109	
293	20	**왕하 1**	**살후 1**	단 5	시110·111	
294	21	왕하 2	살후 2	단 6	시112·113	
295	22	왕하 3	살후 3	단 7	시114·115	
296	23	왕하 4	**딤전 1**	단 8	시116	
297	24	왕하 5	딤전 2	단 9	시117·118	
298	25	왕하 6	딤전 3	단10	시119:1~24	
299	26	왕하 7	딤전 4	단11	시119:25~48	
300	27	왕하 8	딤전 5	단12	시119:49~72	
301	28	왕하 9	딤전 6	**호 1**	시119:73~96	
302	29	왕하10	**딤후 1**	호 2	시119:97~120	
303	30	왕하11·12	딤후 2	호3·4	시119:121~144	
304	31	왕하13	딤후 3	호5·6	시119:145~176	

11월

365 일차	날짜	가정		개인		체크
305	11/1	왕하14	딤후4	호 7	시120~122	
306	2	왕하15	**딛 1**	호 8	시123~125	
307	3	왕하16	딛 2	호 9	시126~128	
308	4	왕하17	딛 3	호10	시129~131	
309	5	왕하18	**몬 1**	호11	시132~134	
310	6	왕하19	**히 1**	호12	시135·136	
311	7	왕하20	히 2	호13	시137·138	
312	8	왕하21	히 3	호14	시139	
313	9	왕하22	히 4	**욜 1**	시140·141	
314	10	왕하23	히 5	욜 2	시142	
315	11	왕하24	히 6	욜 3	시143	
316	12	왕하25	히 7	**암 1**	시144	
317	13	**대상1·2**	히 8	암 2	시145	
318	14	대상3·4	히 9	암 3	시146·147	
319	15	대상5·6	히10	암 4	시148·150	
320	16	대상7·8	히11	암 5	**눅1:1~38**	
321	17	대상9·10	히12	암 6	눅1:39~80	
322	18	대상11·12	히13	암 7	눅 2	
323	19	대상13·14	**약 1**	암 8	눅 3	
324	20	대상15	약 2	암 9	눅 4	
325	21	대상16	약 3	**옵 1**	눅 5	
326	22	대상17	약 4	**욘 1**	눅 6	
327	23	대상18	약 5	욘 2	눅 7	
328	24	대상19·20	**벧전1**	욘 3	눅 8	
329	25	대상21	벧전2	욘 4	눅 9	
330	26	대상22	벧전3	**미 1**	눅10	
331	27	대상23	벧전4	미 2	눅11	
332	28	대상24·25	벧전5	미 3	눅12	
333	29	대상26·27	**벧후1**	미 4	눅13	
334	30	대상28	벧후2	미 5	눅14	

12월

365 일차	날짜	가정		개인		체크
335	12/1	대상29	벧후3	미 6	눅15	
336	2	**대하 1**	**요일 1**	미 7	눅16	
337	3	대하 2	요일 2	**나 1**	눅17	
338	4	대하3·4	요일 3	나 2	눅18	
339	5	대하5·6:1~11	요일 4	나 3	눅19	
340	6	대하6:12~42	요일 5	**합 1**	눅20	
341	7	대하 7	**요이 1**	합 2	눅21	
342	8	대하 8	**요삼 1**	합 3	눅22	
343	9	대하 9	**유 1**	**습 1**	눅23	
344	10	대하10	**계 1**	습 2	눅24	
345	11	대하11·12	계 2	습 3	**요 1**	
346	12	대하13	계 3	**학 1**	요 2	
347	13	대하14·15	계 4	학 2	요 3	
348	14	대하16	계 5	**슥 1**	요 4	
349	15	대하17	계 6	슥 2	요 5	
350	16	대하18	계 7	슥 3	요 6	
351	17	대하19·20	계 8	슥 4	요 7	
352	18	대하21	계 9	슥 5	요 8	
353	19	대하22·23	계10	슥 6	요 9	
354	20	대하24	계11	슥 7	요10	
355	21	대하25	계12	슥 8	요11	
356	22	대하26	계13	슥 9	요12	
357	23	대하27·28	계14	슥10	요13	
358	24	대하29	계15	슥11	요14	
359	25	대하30	계16	슥12·13:1	요15	
360	26	대하31	계17	슥13:2~9	요16	
361	27	대하32	계18	슥14	요17	
362	28	대하33	계19	**말 1**	요18	
363	29	대하34	계20	말 2	요19	
364	30	대하35	계21	말 3	요20	
365	31	대하36	계22	말 4	요21	

맥체인 정독 길라잡이

2020년 7월 1일 초판 1쇄 발행
지 은 이 김홍양
발 행 처 선교횃불
디 자 인 디자인이츠
등 록 일 1999년 9월 21일 제54호
등록주소 서울시 송파구 백제고분로 27길 12(삼전동)
전　　화 (02) 2203-2739
팩　　스 (02) 2203-2738
이 메 일 ccm2you@gmail.com
홈페이지 www.ccm2u.com